Herstellung und Verlag: BoD – Books on Demand, Norderstedt
ISBN: 9783750452527

Printed and bound by CPI Group (UK) Ltd, Croydon, CR0 4YY

30/09/2026

02225613-0016